SALUT NATIONAL

OU

PROSPÉRITÉ ET PAIX UNIVERSELLE

AU MOYEN

DU CRÉDIT NATIONALEMENT GÉNÉRALISÉ

(2me ÉDITION, CORRIGÉE DÉMONSTRATIVEMENT)

Par Léo MARCY

DÉMONSTRATEUR DE LA CIVILISATION RÉELLE.

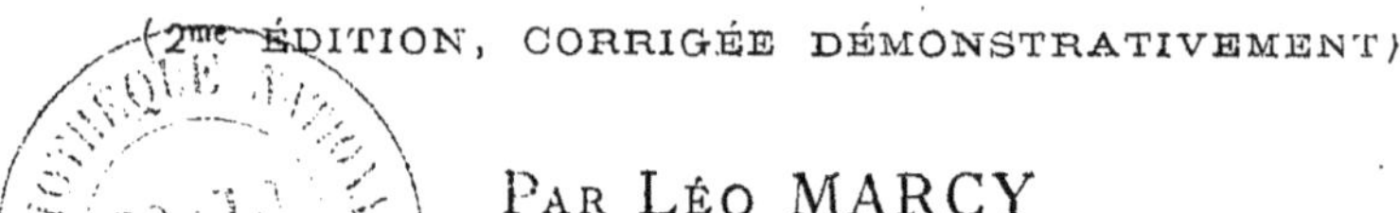

PRIX : { A CLERMONT-FERRAND . . . »f 75c
{ DANS LES DÉPARTEMENTS. » 85

EN VENTE :

Au Bureau du Journal LE RÉALISTE | Chez les Marchands de Journaux
13, rue Terrasse | et
A CLERMONT FERRAND | CHEZ TOUS LES LIBRAIRES

A PARIS, Librairie MARTINON, 14, rue J.-J. Rousseau
— au Bureau des Répertoires, 5, rue du Louvre.

1870

SALUT NATIONAL

OU

PROSPÉRITÉ ET PAIX UNIVERSELLE

AU MOYEN

DU CRÉDIT NATIONALEMENT GÉNÉRALISÉ

Avant-Propos.

On ne saurait nier que, par leur fractionnement insolite, leur absolutisme souverain exercés sur la réglementation de la question du crédit en général et le privilége *financier* en particulier, tous les systèmes de gouvernement, n'aient agi *antagonistement* aux intérêts de l'unité nationale et contre la production, source UNIQUE du PRINCIPE DE VIE, de toute RICHESSE et de toute SÉCURITÉ.

De là, les concessions particulières, l'antagonisme individuel, la division des partis et toutes les iniquités qui se produisent !... Et pourtant le progrès marche, car jamais les hommes n'ont été aussi bien disposés à faire abnégation de leur égoïsme natif, en faveur de leur collectivité nationale.

Toutefois, si les gouvernants, les privilégiés, ainsi que la majorité des citoyens, s'obstinent encore à persévérer dans les mêmes errements que par le passé, une décadence est aussi fatale qu'inévitable ; tandis qu'au contraire, s'ils se rallient collectivement à la LOI NATURELLE, leur SÉCURITÉ et leur émancipation seront assurées pour toujours.

Le PRINCIPE et sa LOI (la LOI NATURELLE) caractérisent toutes les vertus qui émanent de la création, se traduit, dans les rapports, par une SOLIDARITÉ POSITIVE et une production absolument indispensable à l'existence de tous, puisque chacun est obligé de consommer pour vivre ;

Conséquemment, si les hommes, ainsi que les gouvernements, s'identifiant à ces qualités primordiales, faisaient converger les règlements vers la moralité. la production et la richesse collective ; la base fondamentale de l'organisation serait normalement appuyée sur le travail utile ; dès-lors l'humanité marcherait triomphalement de conquêtes MORALES en conquêtes PHYSIQUES, jusqu'au plus haut degré de toutes les perfections !

Constatons que si ces choses (toutes naturelles pourtant) ne sont pas arrivées à ce haut degré de perfection, c'est que tous les gouvernements, en leur individualisme cupide (1), se sont substitués *outrageusement* à la NATURE, que les peuples sont encore traités et gouvernés en êtres mineurs ; — et surtout, parce que les uns et les autres sont dominés par une erreur *originelle implacable* qui fatalement les pousse constamment à commettre inconsciemment, des iniquités dont ils ignorent la cause primordiale.

Cette erreur originelle, ce vice primordial, germe de tous les maux, est enfin découvert, ainsi que le moyen d'y remédier !.....

Démonstrateur de la civilisation réelle de la LOI NATURELLE et du PRINCIPE, applicable à la réglementation des hommes en leur existence sociale ; — Nous prétendons traduire tous les bons sentiments qui animent l'être humain et enseigner des MOYENS qui peuvent sauver la société !....

C'est justement à cause de l'importance de cette grande découverte appartenant à tous et NON à NOUS, que nous déclinons absolument tout *titre*, toute *qualification* distinctive particulière, qu'en conscience nous ne saurions légitimement posséder !...

---

(1) *Individualisme*, adjectif qualificatif ressortant du mot *individualiste*, ne signifiant autre chose qu'*individu* ou *personnel*.

Ce mot *nouveau*, étant indispensable pour justifier les affirmations du RÉALISTE, nous devons en expliquer le sens : il signifie et détermine la personnalité de l'être humain en ce qu'il a d'égoïste, et caractérise l'*inconscience* des AMBITIEUX et des hommes qui agissent avec PASSION, *colère*, *autoritairement*, etc., etc., mais sans conscience du mal qu'ils font, se contentant de justifier les INIQUITÉS qu'ils commettent *individualistement* par des exemples DÉPLORABLES, la ROUTINE, les FAITS accomplis, sans vouloir remonter à la cause du MAL, non plus qu'aux conséquences des *mauvaises* ACTIONS *commises*.

Cependant nous revendiquons toute responsabilité de nos actes, sans en vouloir d'autres récompenses que les satisfactions éprouvées par la certitude d'un grand devoir accompli, et la conviction de CONTRIBUER à l'*émancipation* de l'HUMANITÉ.

Car, acceptant des distinctions particulières et ostensibles, ne serait-ce pas positivement donner raison à la critique (impartiale et logique), qui ne doit jamais admettre que l'on soit ce que l'on a volontairement promis de ne PAS ÊTRE.

D'ailleurs, bien que nous ne blâmions pas ceux qui agissent autrement (chacun ayant droit de servir son pays et l'humanité comme il le comprend), et que nous prétendions caractériser l'expression du Génie national, les bons sentiments de l'humanité, nous ne pouvons être autre chose que le démonstrateur de ce qui est à faire, mais non le *commandeur;* car pour être vraiment digne de cette haute mission, par nos actes et par nos actions publiques il nous faut faire preuve d'indépendance en restant ce que la nature nous a fait : — simple fraction de la collectivité sociale.

Attendu : que c'est en restant absolument indépendant nous-même qu'il nous sera permis de consacrer la liberté de nos concitoyens, et d'enseigner les moyens d'arriver au bien, — tandis qu'en agissant autrement, nous n'aurions plus la possibilité de pouvoir (dans un isolement absolument nécessaire à nos élucubrations) méditer à ce qu'il est utile de faire pour organiser impartialement la société.

« En attribuant aux idées à exposer la qualification d'expression du GÉNIE NATIONAL, nous n'avons pas l'intention d'insinuer qu'elles sont dues à une révélation SUBITE et OCCULTE? »

Le progrès n'est jamais instantané; il ne se produit que lentement, à l'aide d'assimilation aux qualités de la nature, d'étude spéciale et d'un travail opiniâtre.

Nous admettons : — par rapport à l'organisation de la société, que l'être humain est solidarisé naturellement pour tous les services d'intérêts publics; — que la société est régie par des lois, — des devoirs et des droits supérieurs aux décisions humaines, auxquels en leur existence éphémère, tous les hommes sont primordialement et absolument obligés de se soumettre, s'ils veulent agir conformément à la CIVILI-

SATION RÉELLE , aux vœux du principe créateur, et atteindre le but de leurs destinées terrestres.

Un livre sous presse, avant les événements qui se sont produits si inopinément, n'a pu être continué faute de temps ;

Ce livre a pour titre : — « TRAITÉ DE L'IDÉE RÉALISTE. »

Ce Traité, publié aussitôt que les circonstances le permettront, démontre et prouve l'impartialité et l'efficacité des idées à enseigner . — IDÉES incompréhensibles d'abord (parce qu'elles résultent d'un mode d'examen nouveau), mais que bientôt chacun pourra apprécier et posséder facultativement.

Le point d'examen de L'IDÉE RÉALISTE, c'est-à-dire adoption de la moralité naturelle dans les actes, crédit généralisé et nationalement réparti dans les actions gouvernementales, est : — L'admission que le but préconçu par la nature, et la mission des hommes sur la terre ne peut être autre que d'abolir la misère et de constituer la paix universelle.

Quant au mode d'étude, par sa NATURE de VÉRITÉ ABSOLUE et RÉALISTE, elle tente à démontrer, faire voir et prouver , mathématiquement et effectivement , l'exactitude évidente des affirmations énoncées (1).

Pressé par les circonstances, le 7 du mois courant il a été publié,

---

(1) Traducteur de la RÉALITÉ, parce que pour toute question d'INTÉRÊT GÉNÉRAL, nous nous assimilons absolument aux QUALITÉS primordiales de la NATURE, nous avons dû admettre la signification RÉELLE des mots, tout en modifiant l'interprétation de quelques-uns, nous réservant aussi d'en employer d'autres, s'il y a lieu, afin de mieux démontrer les faits. — De même aussi, nous avons dû adopter des majuscules pour affirmer certains mots, en dehors des habitudes usuelles, ainsi que des modifications typographiques, ayant pour but, par la différence des caractères, d'attribuer à chacun d'eux une signification relativement déterminée. C'est ainsi (les termes nominatifs étant du caractère dénommé) que les mots en *italique* désignent ce qui est peu usité, en même temps que ce qui a une tendance à *l'injuste* et au *mal*. Ceux qui sont en petites majuscules, ce qui conduit au JUSTE et au BIEN ; et les GRANDES MAJUSCULES, pour caractériser davantage les idées exposées, etc., etc. Toutefois, bien que cette application ne soit pas rigoureusement suivie, les mots soulignés déjà doivent cependant conserver l'expression admise.

maison Martinon, libraire, rue Jean-Jacques Rousseau, n° 14, à Paris, sous le titre de PROPOSITION D'INTÉRÊT GÉNÉRAL, une brochure justifiant tous les faits affirmés ici. — Cet opuscule ayant été rédigé à l'adresse de MM. nos Députés et en vue de prévenir les calamités qui nous assiégent, a été adressé aux membres actuels du Gouvernement et à la plupart des hommes militants du moment.

Cette brochure, dont très-peu d'exemplaires sont à notre disposition, sera, comme confirmation des faits avancés, communiquée chez M. Ferdinand THIBAUD, imprimeur et éditeur, rue St-Genès, 8-10, au bureau du journal le RÉALISTE, rue Terrasse, 15, et au Café Lyonnais, place de Jaude, à Clermont-Ferrand.

Toutefois, nous avons dû lui emprunter et guillemeter quelques citations, parce qu'elles sont indispensables à la démonstration logique de l'Étude présentée, cependant qu'il nous soit permis, du fait que n'ayant pas fait d'études classiques, de prémunir contre un style médiocrement correct, et des répétitions produites dans cet opuscule, en déclarant que ces imperfections négatives d'ailleurs et presque inévitables, ne changent absolument rien à la réalité, attendu qu'il importe plutôt que le moyen d'ARRIVER au BUT PROPOSÉ SOIT PRATIQUE, que de toute autre chose ; au surplus, nous nous empresserons toujours de nous conformer aux justes observations présentées.

Terminons cet Avant-Propos (indispensable pour ce qui doit suivre) par une PROPOSITION d'URGENCE à l'adresse de MM. les Membres du Comité de la défense nationale de Clermont-Ferrand, ainsi qu'à tous nos concitoyens.

A MM. les Membres du Comité central de la défense nationale
de Clermont-Ferrand.

Messieurs,

C'est une heureuse initiative (et d'un bon exemple à suivre), que d'organiser la défense nationale de vos départements respectifs, mais à la condition expresse qu'elle doit être nationalement exécutée, et cependant pratiquement, cette seule disposition ne saurait remplir le but qu'il est nécessaire d'atteindre !...

Ce qu'il FAUT : — C'est un autre comité (mais financier) fonctionnant en concordance de cette défense, afin de donner la vie, le mouvement et l'impulsion aux résolutions prises !...

Car, de même qu'une machine à vapeur serait négative sans charbon, de même aussi toute résolution adoptée ne saurait recevoir une prompte et bonne exécution sans argent, IMPARTIALEMENT acquis, NORMALEMENT réparti et RATIONNELLEMENT dépensé.

Ainsi, le but proposé est d'arriver à bonne fin, mais le nerf de la guerre est: de l'argent! encore de l'argent!! et toujours de l'argent!!!

Donc, il est indispensable d'étudier préalablement et d'organiser collectivement et conjointement, la question financière, afin de connaître positivement ses ressources et prévenir des *revers* analogues aux précédents.

Continuerez-vous (*inconsciemment* sans doute), les indignités des gouvernements déchus; et consacrerez-vous aussi les anciens errements, en subissant l'atonie que vous impose aujourd'hui, comme toujours, à vous, comme aux RÉPUBLICAINS ainsi qu'à tous les citoyens, la stagnation paralytique de l'institution du crédit public, qui immole *follement* la patrie et ses habitants, à un individualisme aussi inconscient qu'abominablement cupide.

Et, nous le répétons:

Oui, une commission financière concourant à la défense nationale, est indispensable à toute action efficace de cette défense.

Attendu qu'en dehors de cette coordonnance naturelle mais normalement constituée, c'est agir antagonistement à tous les intérêts nationaux pour aboutir fatalement à un *avortement complet;* puisque sans argent rien n'est possible!

La preuve indéniable, de cette erreur aussi fatale qu'inconsciemment insensée de votre part, ainsi que de celle du Gouvernement provisoire et de tous ceux qui préconisent l'ancien mode d'emprunt; — l'atermoiement des payements ainsi que la suspention de l'escompte, est: — Qu'en prélevant de l'argent (déjà trop rare) on paralyse le travail, la puissance morale, la force physique, le patriotisme de tous les citoyens, et l'on détermine dix fois plus de MAL que de BIEN, puisque toute puissance humaine ressort de la production, et qu'en fait comme en réalité, l'argent résulte du crédit.

Donc il faut absolument reconstituer un crédit national (puisque le crédit particulier fait défaut) afin d'avoir de l'argent, sous peine de désastres inimaginables et de calamités si considérables que nous n'osons pas les énoncer ici.

En contribuant à l'édification de ce crédit, non-seulement Messieurs, vous aurez accompli un devoir patriotique, mais contribué aussi et pour BEAUCOUP à VAINCRE l'ennemi commun, ainsi qu'à CONSACRER pour toujours notre nationalité et notre LIBERTÉ.

Car une organisation financière (chacun doit le constater) NORMALEMENT CONSTITUÉE, est l'origine, l'acte et l'action primordiale de toute puissance humaine; par conséquent elle doit être résolue IMMÉDIATEMENT.

Attendu que d'ELLE et d'ELLE seulement, ressortira le triomphe de nos armes, et la défection des Barbares qui nous persécutent!...

HABITANTS des DÉPARTEMENTS du CANTAL, de la HAUTE-LOIRE et du PUY-DE-DOME, Nous disons avec vous : — LA PATRIE EST EN DANGER! — Vous, nobles enfants du centre de la France, laisserez-vous égorger notre chère PATRIE, vos FAMILLES et VOUS-MÊMES, en agissant anormalement et impuissamment, ou vous rallierez-vous à la raison et à l'impartialité de la répartition du crédit public pour contribuer *nationalement* à sa délivrance? Nous sommes tout à vous ainsi qu'avec tous nos concitoyens pour enseigner et appliquer les moyens de vaincre et de sauver notre indépendance; — Voudrez-vous ainsi qu'eux contribuer et concourir au SALUT de la NATION?

Léo MARCY. ∴

Clermont-Ferrand, le 29 septembre 1870.

I.

Adresse aux Membres du Gouvernement provisoire de la RÉPUBLIQUE FRANÇAISE, à la Délégation du Gouvernement de la défense nationale, à MM. les délégués des départements régulièrement constitués pour organiser la défense nationale; à toutes les autorités civiles, municipales, ainsi qu'à tous nos concitoyens.

Citoyens,

Nous avons l'honneur de soumettre à votre appréciation un mode d'organisation financière pratiquement réalisable, qui peut immédiatement procurer à vos départements, ainsi qu'à tous les autres, même à Paris, étant NATIONALEMENT CONSTITUÉS, tous les fonds nécessaires pour équiper, armer et solder les gardes nationaux sédentaires, les gardes mobiles, les francs-tireurs et toutes autres armes, même l'armée active, en aussi grand nombre qu'ils se présenteront; — fabriquer et acheter au besoin toutes armes, toutes munitions, tous engins de guerre; procéder à toute fortification et armement indispensablement nécessaire; — faire reprendre le travail, raviver le commerce, enfin rendre à chacun, ainsi qu'à la FRANCE entière, sa puissance NORMALE, afin d'expulser les ennemis de notre chère patrie.

Et remarquez-le bien, chers concitoyens, ces résultats peuvent être obtenus, non-seulement sans bourse déliée, mais encore en réalisant des *bénéfices* considérables au profit de la nation française, — et proportionnellement à ce que cette ORGANISATION FINANCIÈRE sera plus PROMPTEMENT vulgarisée et plus LARGEMENT réalisée.

Si extraordinaires que paraissent ces affirmations, elles n'en sont pas moins la RÉALITÉ MÊME, puisque nous prouverons mathématiquement la possibilité d'une prompte réalisation.

Toutefois, en ce moment, le moyen est simplement soumis à une étude consciencieuse, afin qu'étant définitive, la majorité des citoyens puissent (à leurs *risques* et *périls*) décider ou refuser son adoption.

Ce moyen n'est pas nouveau; il est connu et peut-être apprécié par tous, puisque c'est le système financier adopté par la *Banque de France* actuelle, à cette différence, ESSENTIELLE POURTANT: — Que par le mode présenté, le crédit, étant réparti nationalement, circulerait au bénéfice de tous, au lieu d'être antagonistement *distribué* au profit de quelques-uns.

C'est là l'antidote! C'est L'UNIQUE MOYEN de remédier au MAL; le seul PROCÉDÉ PRATIQUE, IMPARTIAL et EFFICACE, qui puisse avec certitude constituer le BIEN!...

Car c'est par les bénéfices produits de la circulation du crédit public, au profit de chacun et de sa libéralité, que doit ressortir la puissance incommensurable de cette RÉPARTITION NOUVELLE du CRÉDIT PUBLIC, qui, du reste, ayant fait ses preuves positives en faveur de la Banque de France, doit forcément les continuer à la NATION SOLIDARISÉE.

Et malgré qu'en temps de prospérité, l'institution de la *Banque de France* eût été considérée par le plus grand nombre, comme étant le

NEC PLUS ULTRA des combinaisons humaines, par rapport au crédit public, son impuissance actuelle prouve absolument (nonobstant tout avis contraire), qu'elle *engendre*, *consacre* et *perpétue* toutes les affreuses *calamités* que nous SUBISSONS.

Affirmons encore, le plus EFFECTIVEMENT POSSIBLE, que le SIGNE D'ÉCHANGE SOCIAL, le *seul* et *unique* TITRE NATIONAL du CRÉDIT PUBLIC (représenté par des BILLETS de BANQUE en *papier* ne coûtant rien) étant *émis* et *répartis* par (*privilége inique*) au profit de quelques favorisés seulement, EST : — *L'origine* de L'ACTE qui engendre la CAUSE POSITIVE de toutes les SPOLIATIONS, consacrant tous les MAUX, toutes les MISÈRES ainsi que toutes les PERTURBATIONS NATIO-NALES et INTERNATIONALES.

Cette ACCUSATION, croyez-le bien, chers compatriotes, n'est pas portée contre les personnes qui réglementent *le crédit actuel*, mais seulement contre l'anormalité de cette institution faussée, la paralysie et les iniquités qu'elle exerce *fatalement* et *inconsciemment* sur les *destinées* du *pays*.

Toutefois, et il importe au plus haut degré de CONNAÎTRE et d'ADMET-TRE absolument cette vérité réelle ; à savoir :

Qu'en FAIT comme en RÉALITÉ ; — si chacun aujourd'hui est paralysé dans son élan et ses actions patriotiques, c'est que la plupart riches hier, sont pauvres aujourd'hui et rendus impuissants par les décrets consacrant l'atermoiement des paiements, dont la conséquence forcée a été l'impossibilité des négociations.

Cet acte (aussi inconscient que préjudiciable à tous les intérêts moraux et matériels, est un abus d'AUTORITÉ si incompris dans ses funestes conséquences, que ce sont les GOUVERNANTS actuels (hommes honnêtes et dévoués cependant), qui l'*imposent* à la société, en agissant de complicité avec les PRIVILÉGIÉS.

Ce n'est pas ainsi qu'il fallait procéder !... Car, au lieu d'autoriser les égoïstes à ne pas payer, il fallait obliger tous ceux qui doivent à régler en billets à ordre, selon les conventions, ou à trois mois pour tout ce qui était dû en compte courant, puis décréter le droit d'escompte pour toute valeur négociable, avec promesse de renouvellement justifié.

De cette manière, on aurait prévenu la cessation des travaux ainsi que l'atonie qui s'est répandue sur toute la France et qui affecte tous les citoyens.

Ces dispositions à prendre ne sont pas praticables par le système du *crédit particulier* et *individuel*, mais facilement réalisable par le **CRÉDIT NATIONALISÉ et COLLECTIF?**...

Et attendu qu'il n'existe aucun autre moyen de ramener la société à son état normal, nous déclarons formellement qu'il faut absolument constituer ce crédit, sous peine de voir commettre *toutes les abominations et de subir toutes les misères*. D'ailleurs, il y a lieu d'être surpris que les **GROS** *financiers*, ainsi que les gouvernants (eux dont le plus grand nombre connaissent les bienfaits du système de ce nouveau **CRÉDIT**), n'eussent pas préféré le moyen de provoquer la production et de **GÉNÉRER** la FRANCE à l'idée d'atermoyer les payements et de provoquer ainsi la cessation des travaux, SURPRISE d'autant plus DÉSOLANTE pour tous, que le crédit nationalisé aurait prévenu la plupart des maux qui nous accablent; car, malgré toute affirmation contraire, il n'est pas moins vrai qu'en préconisant le *privilége financier* on agit pour la perpétration des *iniquités* et du **MAL**; tandis qu'en travaillant à l'édification du Crédit généralisé, on tient à consacrer ce qui est ÉQUITABLE et **BIEN**.

Observons que cette Étude présentée et justifiée, effectivement pour les départements du CANTAL, de la HAUTE-LOIRE et du PUY-DE-DOME, où nous habitons momentanément, est présenté aussi pour toute la France, car de son adoption seulement doit ressortir la PAIX du monde et l'ÉMANCIPATION de l'HUMANITÉ.

D'après les statistiques officielles, la population totale des départements désignés est d'environ 1 million 200 mille âmes; admettons le tiers de la population comme électeur et devant prendre part à toutes décisions d'organisation fondamentale du pays.

Or, en supposant (ce qui forcément se réalisera tôt ou tard) que, dans sa haute sagesse et en vertu de ses droits souverains, la majorité des électeurs décide qu'il est admis provisoirement, comme valeur liquidable à cinq ans de date, le chiffre de 50 francs par chaque habitant pour sauvegarder le présent, il en résultera qu'une somme de 60 millions sera à la disposition du Comité exécutif de la défense nationale.

Admettons aussi qu'un même chiffre (et au même titre que ci-dessus), mais pour reconstituer le crédit, développer la production et faire renaître les affaires, soit mis à la disposition des citoyens par une Banque collective et des succursales multipliées; ce serait donc une somme totale de 120 MILLIONS en valeurs mobiles, qui, comme signe de CRÉDIT NATIONAL, serait à ÉMETTRE LÉGITIMEMENT et SOUVERAINEMENT par droit et *volonté* omnipotente de la MAJORITÉ des ÉLECTEURS.

Telle est, chers concitoyens, la simplicité du moyen soumis à votre consciencieuse appréciation en observant à tous que l'ÉQUITÉ et l'IMPARTIALITÉ la plus scrupuleuse dominent absolument le projet présenté, car en proposant de substituer provisoirement une BANQUE agissant NATIONALEMENT au lieu et place de la *Banque de France* actuelle, ce n'est qu'en assurant aux intéressés de cette institution privilégiée, des bénéfices augmentés d'un tiers en plus, de ceux qu'ils ont réalisés pendant l'exercice du même nombre des années précédentes.

II.

Banque Collective ou Nationale pour la mise en pratique du CRÉDIT NATIONALISÉ libéralement, et nationalement réparti, seul générateur de l'humanité.

Supposons qu'après preuves positives de l'efficacité du projet, la majorité des électeurs décide l'institution provisoire d'une BANQUE NATIONALE, suppléant la *Banque de France* actuelle, pendant une période de cinq années!...

« Cette Banque serait constituée *nationalement*, et fonctionnerait au nom de tous les citoyens et pour tous, — son siége principal serait à Clermont-Ferrand, avec succursales dans les villes, les chefs-lieux de canton des trois départements sus-énoncés, et pourrait s'étendre à tous les départements, même celui de la Seine.

« Elle serait AUTONOME, INDÉPÉNDANTE et OMNIPOTENTE, ne relevant que d'ELLE-MÊME, de ses STATUTS, de sa CONSTITUTION et de ses RÈGLEMENTS.

» Son actif serait INVIOLABLE et INALIÉNABLE; elle émettrait des billets analogues à ceux de la Banque de France, mais fractionnés par coupures de 1, — 2, — 5, — 10, — 20, — 40, — 100, — 500 —

1000 francs, etc., limités comme émission selon l'opportunité réelle du besoin de la production, relativement aux garanties réalisées. »

La fondation de cette Banque est motivée et basée sur les faits suivants dont la réalité est aussi affirmative que positivement justifiée :

« Toute CONFIANCE ressort de la PRODUCTION : — la PRODUCTION de L'ARGENT : — l'ARGENT du CRÉDIT multiplié libéralement par des prêts directs et des facilités de négociations régulières et assurées. »

« Cette Banque aurait pour mission de faire des avances comme prêts, ainsi que relativement des escomptes à toutes personnes domiciliées dans la commune du siége de la succursale de la Banque Nationale.

» Les arrérages de ce crédit, d'un SERVICE D'UTILITÉ PUBLIQUE par EXCELLENCE, seraient régularisés après la paix, et ne devraient, en ce moment de calamités inouïes, donner lieu à des poursuites onéreuses qu'au cas de mauvais vouloir des débiteurs égoïstes.

» L'intérêt serait fixé invariablement à 6 p. % l'an, 1/4 p. % de commission par 5 mois pour les valeurs sur place, et 1/2 p. % pour celles des autres localités.

» Cette Banque serait confondue et suppléerait provisoirement la Banque de France actuelle ; elle suivrait régulièrement ses opérations commencées. »

« L'action du Crédit nationalisé consisterait :

» 1°. A prêter à toute personne qui justifierait des besoins pour subvenir à son existence ;

» 2°. A escompter toute valeur commerciale justifiée, comme ACQUISITION, TRANSACTION OU PRODUCTION, sous réserve absolue et exclusive de tout trafic financier ainsi que des valeurs de complaisance ;

» 5°. A prêter pour tous les besoins agricoles reconnus ;

» 4°. A faire des avances aux contribuables, pour faciliter le paiement des impôts, des loyers, mettre tous les intéressés à même de régulariser leur position, et enfin faire revivre la société sur des bases viriles, impartiales et fructueuses.

» Toutes ces avances seraient renouvelables, à moins de partialités pour les intérêts envers les droits de la nation solidarisée de la part du débiteur. »

Ces dispositions une fois arrêtées, il serait nécessaire d'obliger les débiteurs à régler ce qu'ils doivent, car il est vraiment *inique* que les égoïstes, ainsi que les gens de mauvaise foi, puissent (en vertu des lois arbitraires) acheter à crédit et se dispenser de payer sans poursuite (toujours préjudiciable au vendeur).

Ce faux droit, aussi *outrageant* pour l'ÉQUITÉ ÉTERNELLE que pour la JUSTICE NATURELLE, doit, au moyen d'un règlement impartial indiqué ci-dessous, disparaître d'une législation basée sur l'ÉGALITÉ devant la loi.

« Tous les achats à crédit devront se justifier par une facture, ou autre titre indiquant l'époque de paiement, à défaut de quoi le débiteur serait obligé de payer à présentation le montant de la dette contractée, et les intérêts depuis le jour de la livraison. »

Le *cours forcé* des billets de Banque, étant la conséquence de circonstances dominantes, est donc une NÉCESSITÉ D'URGENCE. C'est pourquoi des amendes s'augmentant par la *récidive*, devraient être infligées aux *individualistes* qui, *intentionnellement*, refuseraient d'accepter ces billets dans les transactions.

Conséquemment : — « Tout billet de Banque devra être accepté en paiement chaque fois que le solde d'acquisition dépassera moitié de ce qui sera acheté ou dû. »

» D'ailleurs, nous devons le dire, car, en RÉALITÉ comme en FAIT, il faudra bien TOT ou TARD que tout le monde SACHE, COMPRENNE et ADMETTE, puisque c'est la VÉRITÉ ABSOLUE ;

Que tout crédit, quel qu'il SOIT, *est toujours*, et ne peut être AUTRE CHOSE qu'un emprunt fait sur le TRAVAIL de l'AVENIR !... Et en outre qu'il n'existe nulle part, dans aucun PAYS, assez de NUMÉRAIRE pour les transactions ; — conséquemment, qu'il est impossible de pouvoir agir autrement qu'avec un crédit représenté par de l'argent fictif (valeur en papier), ayant pour mission d'y suppléer (1). »

---

(1) D'après les statistiques, la France ne possède que 5 milliards de numéraire, bien que la circulation mouvementée du crédit soit au minimum de 50 milliards ; — s'énumérant approximativement ainsi : — 5 milliards de numéraire, — 1 milliard 800 millions de billets de Banque, — 23 milliards 200 millions dus en compte courant, — 20 milliards de papier chirographaire, tant en traites que billets à ordre, ou tout autre titre conventionnel en papier,

Donc, *fatalement, forcément*, et même *stupidement*, pourrions-nous dire, l'improduction déterminant la misère ainsi que toutes les calamités qui nous accablent, sont *inconsciemment* la conséquence de l'*incapacité* et de l'*antagonisme notoire* des GOUVERNANTS, puisqu'ils tolèrent et sanctionnent un état de choses semblable, en se constituant les *protecteurs* d'une institution tellement vicieuse, qu'elle *engendre* et *consacre* tous les *maux*.

Au surplus, il est facile de se convaincre, par les résultats démontrés, que le crédit nationalement réparti, n'engage en rien la *propriété* de *personne*, qu'il est avantageux à tous, et que c'est l'unique moyen de sauvegarder la RÉPUBLIQUE, toutes les POSITIONS et tous les INTÉRÊTS, attendu : — Que tout ce qui existe, ainsi que tout ce qui se produit, sont intimement liés et essentiellement dépendants l'un de l'autre.

Car, et de fait aussi positif qu'absolu, nous constatons que le crédit nationalement libéralisé, est à la SÉCURITÉ PUBLIQUE ainsi qu'à L'EXISTENCE des HOMMES et des CHOSES, ce que la pluie est à toutes productions!... Et, de même que l'eau ayant déterminé l'abondance, est aspirée souverainement ensuite pour renouveler son action bienfaisante; de même aussi le crédit étant réparti par la Banque collective, déterminerait d'abord une production considérable; puis par les intérêts perçus capitalisés dans le trésor commun, elle faciliterait encore de nouvelles pérégrinations toujours en conformité des nécessités du moment, ainsi que la prospérité et la SÉCURITÉ positive de L'A-VENIR!...

III.

Mise en pratique et efficacité du moyen présenté. — Justification des promesses faites et des résultats annoncés. — Fonctionnement de la Banque collective, et du Crédit nationalisé.

En supposant que 20 mille combattants soient constitués pour la défense des départements désignés, et que l'on admette une période de 4 mois, ou 120 jours de campagne, en allouant à chacun d'eux, une somme de 2 fr. 50 par jour; mais évalué 4 francs pour solde des officiers et frais d'intendance; donc 480 francs pour 120 jours, puis

520 francs pour équipement convenable, y compris quelque peu d'argent de poche , soit : — 800 francs par homme , par conséquent une somme totale de 16 millions.

Or, cette somme, soldée par le Comité de la défense nationale, serait récupérée par la circulation de cet argent même , du fait normal que le Comité agirait NATIONALEMENT. — C'est-à-dire qu'il n'exercerait pas son action *gouvernementale*, ou *politique*, antagonistement des intérêts producteurs de la nation (en retirant de la circulation le quelque peu d'argent qui concourt à la *production* ainsi qu'aux *échanges*), puisqu'au contraire, par la dépense faite nationalement , il faciliterait le travail, et concourrait à la RICHESSE SOCIALE , nous voulons dire de la société (1).

Toutefois, constatons que le fait de la circulation des 16 millions employés à la défense du pays, procurerait déjà des résultats PHYSIQUES et MORAUX considérablement avantageux pour l'existence MATÉRIELLE et la valeur MORALE de tous les citoyens.

En effet, cette somme (de même que les billets de Banque actuels, ne coûtant rien à la collectivité nationale) étant dépensée par nos braves défenseurs, engendrerait *environ* 40 mutations par an, se totalisant par 640 millions d'affaires, qui, à 10 p. °/₀ de profit brut, se traduiraient par 64 millions de bénéfices (2).

Ainsi , malgré la solde de 20 mille hommes pendant quatre mois, on voit qu'il resterait au Comité une somme de 44 millions, lui permettant d'entreprendre toutes sortes de travaux nécessaires à la dé-

---

(1) Cette action d'antagonisme, provoquée et perpétuée par les pouvoirs gouvernementaux de tous genres , même les républicains individualistes, ressortent du privilége financier, qu'ils patronnent on ne peut plus *insensément*, puisque toutes les *exactions* commises par la *spéculation* des financiers, sont autant de faits d'impopularité attribués aux gouvernants, de telle sorte qu'en réalité tous succombent sous le poids des *misères* et du *mépris* public, perpétrés par les privilégiés , mais qu'ils autorisent insensément.

(2) Il n'est pas absolument exact de dire que l'on gagne 10 p. °/₀ sur chaque vente, car le gros commerce ainsi que l'agriculture, vend de 2 à 10 p. °/₀ brut, mais le trafic de luxe et de consommations dans les villes , gagnent brut de 30 à 40 p. °/₀, et la main d'œuvre 100 p. °/₀ étant comparée au chômage.

fense nationale, faire fabriquer des armes à longue portée, équiper confortablement tous les hommes qui concourraient à la défense du pays.

Constatons pour mémoire que ces 44 millions dépensés, provoqueraient 40 mutations d'acquisitions, soit 1 milliard 760 millions d'affaires, qui à 10 p. %, se traduiraient par 176 millions de bénéfices.

Admettons maintenant 100 mille nécessiteux pour les trois départements désignés, et qu'il soit prêté mensuellement à chacun, mais facultativement renouvelable, 1 franc par jour, à 6 p. % l'an, sans commission ; — ce serait donc 100 mille francs à avancer par les succursales de la Banque, soit une somme totale de 12 millions provoquant 40 mutations ou 480 millions d'affaires qui, à 10 p. %, constituerait 48 millions de profits pour les habitants ; — et pour la Banque nationale, sur 12 millions de prêt à 6 p. %, 720 mille francs de bénéfices ; soit pour 5 ans, 5 millions 600 mille francs.

Le prêt national, étant libéralisé, peut s'évaluer à 400 millions par an pour les 5 départements, qui, à 6 p. %, produiraient 24 millions de bénéfice annuel, et pour 5 ans, 120 millions.

La négociation étant facile et assurée, son chiffre annuel se nombrerait approximativement par 600 millions d'escompte, qui, à 6 p. %, ferait 36 millions par an, et pour 5 ans 180 millions.

Indiquons aussi quel serait le chiffre d'affaires annuelles pour les 5 départements :

Etant démontré effectivement, dans la brochure précitée, qu'en temps ordinaire, la France fait annuellement 565 milliards d'affaires ; donc, en prenant le 54ᵐᵉ de ce chiffre, nous trouvons que les 5 départements en traitent pour une somme approximative de 10 milliards, soit 50 milliards pour 5 ans, qui, à 1 pour %, comme impôt d'exception, produiraient à la Banque nationale un bénéfice de 50 millions.

Nous négligeons les intérêts du prêt de 12 millions et le bénéfice des commissions (afin de parfaire aux pertes supposées et aux frais gé-

néraux); mais nous négligeons aussi bien d'autres avantages reconstituant l'état moral du pays et la condition naturelle des citoyens par
la reprise des affaires, CONDITIONS d'intérêt primordial, et bien autrement importantes dans leurs résultats, que tout ce que l'on pourrait
en dire.

Cependant, comme il importe de se baser sur des chiffres, récapi-
tulons les bénéfices que peut réaliser le CRÉDIT NATIONALISÉ, appliqué
pendant 5 ans seulement dans les 3 départements désignés.

Du prêt national, il résulterait un bénéfice de 120 millions.

De l'escompte, 180 millions et de l'impôt (si l'on y a recours), 50
millions, soit au total 550 millions, c'est-à-dire des valeurs réelles,
de l'argent positif, effectivement représentatif et effectivement réalisable.

Et dès-lors, l'époque de la liquidation étant arrivée : — on anéanti-
rait les 120 millions émis en les remboursant, — on solderait les sommes allouées à la Banque de France, puis il resterait encore au moins
200 MILLIONS de bénéfices nets à la disposition de la RÉPUBLIQUE,
qui lui permettrait de récompenser et d'indemniser généreusement
les vrais dévoûments ainsi que toutes les victimes de la guerre.

Ces bénéfices seraient, pour l'avenir, d'un AVANTAGE INAPPRÉCIABLE
en ce sens qu'ils préviendraient les DETTES *nouvelles*, et assurément
les perturbations futures.

Mais le plus important, en ce moment, et ce à quoi tout le monde
est appelé à donner son ASSENTIMENT immédiat ou sa *réprobation!...*
c'est que l'on pourrait presque immédiatement se procurer des AR-
MES, des MUNITIONS, CHASSER l'ÉTRANGER, et prévenir des calamités si *absolument fatales* et si véritablement épouvantables, qu'il
serait peu convenable de les analyser !...

Toutefois, et nonobstant ces craintes (que, du reste, les hommes
sont absolument libres d'éviter en se conformant aux lois naturelles),
à l'énoncé qui précède ne se bornent pas les bienfaits de l'action
patriotique qu'accompliraient les propagateurs du crédit nationalisé:
— Car, de l'impulsion donnée par quelques départements, résulterait son adoption par la FRANCE ENTIÈRE, et ils auraient inauguré

l'application du ᴘʀɪɴᴄɪᴘᴇ RÉALISTE, seul et unique ÉMANCIPA-
TEUR du monde.

∴

Le fonctionnement du Crédit ɴᴀᴛɪᴏɴᴀʟᴇᴍᴇɴᴛ·RÉPARTI s'opérerait
par la Banque centrale qui escompterait les billets provenant des
succursales au fur et à mesure de leur besoin, et n'en émettrait que
pour la somme autorisée par le suffrage universel, augmentée jusqu'à
concurrence, de moitié des bénéfices déjà réalisés.

Voilà, chers concitoyens, la question soumise à vos libres et souve-
raines appréciations. — Conséquemment, que tous répandent, pro-
pagent cette idée, et qu'unanimement, et que chacun étudie cette
grande question de ꜱᴀᴜᴠᴇᴛᴀɢᴇ du ᴘᴀʏꜱ, afin que bientôt il ressorte
d'une ᴅᴇᴄɪꜱɪᴏɴ **NORMALEMENT** ᴀᴘᴘʀᴇᴄɪᴇᴇ, **NATIONALEMENT** résolue, tous les moyens de ᴠᴀɪɴᴄʀᴇ et ᴅ'ᴀɴᴇᴀɴᴛɪʀ **TOUS** les *priviléges* et **TOUS** nos *ennemis*.

IV.

Formule, action du projet et sa raison d'être.

A Monsieur L..... de Clermont-Ferrand (ᴘᴜʏ-ᴅᴇ-ᴅᴏᴍᴇ).

Monsieur, puisque nous avons eu l'avantage d'être compris par
vous, vos loyaux amis, et que par vos surprenantes capacités, vous
avez contribué à dégager le ᴄʀᴇᴅɪᴛ ɴᴀᴛɪᴏɴᴀʟɪꜱᴇ de l'ombre qui le mas-
quait encore au sens raisonnable des hommes, nous devons démontrer, faire voir, prouver **ABSOLUMENT** et à tous que l'application
SEULEMENT de ce **CRÉDIT** peut sauver la ꜰʀᴀɴᴄᴇ ainsi que l'humanité d'une ruine relativement générale, sinon d'une *décadence*
inévitable.

Car, détruire et décimer lâchement les Français et la France, par
surprise longuement préméditée, un armement plus meurtrier,
et un nombre de combattants infiniment plus considérable, est un van-
dalisme aussi barbare qu'injustifiable ; — puisque c'est paralyser la

TÊTE et le COEUR du monde CIVILISÉ, au détriment de tous les membres constitutifs de la création, et plus particulièrement encore de ses plus proches voisins.

La raison d'être et l'action du crédit nationalement généralisé, se traduisent et se formulent ainsi :

Etre assez puissant EN ÉQUITÉ NATIONALE pour TRIOMPHER du privilége financier, le plus cruel ennemi de la patrie et traiter d'une PAIX HONOBABLE, ou rester dans l'état misérable D'ARGENT circulant, que nous imposent les inconscients directeurs de la Banque de France.

Cette institution, viciée originairement, est continuée de complicité inconsciente des individualistes politiques, puisque (par incurie et le concours *inepte*, en l'espèce, de ceux qui nous gouvernent), c'est elle qui a imposé l'atermoiement des payements, au lieu de multiplier les moyens de négociations.

Peut-on être plus égoïste, car c'est pour éviter de perdre quelques millions, que la Banque de France a agi ainsi, et de la *part* des *gouvernants* peut-on être plus *ignorants* du *principe originel* de la *production*, pour sacrifier à ce privilége abominable toute la nation en consacrant cette *monstrueuse iniquité?*

Et cependant, malgré que la PATRIE SOIT EN DANGER, la *Banque de France* DÉSERTE son poste, se DÉROBE à sa mission, et TRAHIT outrageusement tous les engagements qu'elle a pris; car par son obstination à ne pas émettre des petites coupures de billets, son refus d'escompter, non-seulement elle détermine toutes les perturbations, mais elle provoque l'improduction, ainsi que l'impuissance des citoyens.

En vérité, le plus cruel des *ennemis* de la Nation et de la République, n'agirait pas autrement pour nous faire succomber au *péril* qui nous *menace*, attendu (permettez cette comparaison) que c'est agir comme si, ayant besoin de FARINE, bien que possesseur de GRAINS et d'un moulin, on suspendait volontairement l'action de ce dernier. Attendu que le grain EST ce qui est DU, — la FARINE ce qui résulte du travail, et le MOULIN, la négociation des titres du crédit, — c'est-à-dire le prêt ou l'escompte !...

Non !... Il n'est pas possible d'agir plus insensément !...

Aussi nous nous faisons un devoir de le déclarer à tous ceux qui ont pris part à ces inconséquentes résolutions, ainsi qu'à ceux qui en sont victimes, qu'il est très-facile de CHANGER la SITUATION : puisqu'il suffit de régulariser impartialement la répartition du crédit, en le considérant ce qu'en RÉALITÉ il EST : Un SERVICE PUBLIC d'UTILITÉ NATIONALE ayant pour but unique, la MORALITÉ dans les RAPPORTS et la PRODUCTION dans les FAITS.

L'action de ce crédit se traduit aussi par : — Pouvoir se procurer des ARMES ou en *manquer*, — Etre VAINQUEURS ou vaincus, — LIBRES *ou esclaves*, — OUI ou *non* ruinés, — Enfin, vivre UTILEMENT et se défendre NORMALEMENT comme des HOMMES VIRILS et de race GAULOISE, ou se laisser piller, voler et assassiner comme des dégénérés de la pire espèce.

Telle est, Monsieur, l'OEUVRE et l'action vivifiante du CRÉDIT NATIONALEMENT GÉNÉRALISÉ que le principe RÉALISTE offre à tous les citoyens ainsi qu'à nos gouvernants, comparées à l'*atonie* que consacre l'impuissance du crédit privilégié, la caducité de la Banque de France, caractérisant le crédit particulier, qui, de ce fait, agit *fatalement et antagonistement* contre la RÉPUBLIQUE, l'INTÉGRALITÉ de la NATION et les intérêts de tous les nationaux.

V.

Point de vue d'examen du projet selon la loi naturelle, et exposé du principe réaliste.

C'est à l'état de recueillement absolu, en considérant toutes les questions d'ORGANISATION SOCIALE et d'intérêts généraux, en vue de la nation solidarisée pour tout ce qui est de service public, ainsi que les choses telles qu'elles sont (selon la nature, mais non d'après notre *moi* égoïste), qu'il nous a été possible de découvrir la voie naturelle, qui nous a conduit à une région d'ordre supérieur, permettant de reconnaître que c'est seulement en abolissant les priviléges, ainsi qu'en réprimant l'égoïsme individuel, qu'il sera possible de vaincre les erreurs humaines particulières, et de faire TRIOMPHER la VÉRITÉ.

Conséquemment, c'est en se plaçant au même point de vue, et en agissant identiquement qu'il sera permis à tous, de constater et de reconnaître, aussi bien et mieux peut-être que nous, la réalité affirmée par les faits produits, et que confirment tous les résultats obtenus.

Cependant, il importe de constater que l'IDÉE RÉALISTE ainsi que sa mise en pratique par la BANQUE NATIONALE PROJETÉE ne ressortent pas d'une pensée humaine, mais bien d'une idée originelle ressortant directement de la création, et que le crédit nationalement généralisé traduit ses vœux, ainsi que la mise en action de l'harmonie générale, et l'application de la LOI NATURELLE dans la réglementation des sociétés.

Nous devons déclarer que la *politique* autoritaire ainsi que *l'état guerrier* dominant jusqu'à présent les sociétés, doivent être considérés et que nous les considérons comme étant les conséquences funestes de la spoliation financière exercée sur la collectivité, conséquemment anormaux et devant être classés comme étant préjudiciables à l'état normal de la nation.

En effet, chaque parti politique régnant, n'étant qu'une fraction de la société, en pactisant avec la finance, se fait complice des privilégiés financiers, conséquemment le pire des ennemis de la nation (sans se rendre compte qu'il se fait aussi le sacrificateur d'autrui et de lui-même), puisque: — parjure dès le début à toutes ses promesses, il impose et soutient un privilége abominable et qu'il agit contrairement à toutes les justices et à toutes les LOIS NATURELLES.

Or, veut-on, oui ou non, changer de système, telle est la question? Si OUI, le CRÉDIT NATIONALISÉ et tout sera sauvé; si NON, le privilége financier, et dès lors toutes les SPOLIATIONS, tous les DÉBOIRES et toutes les CALAMITÉS imaginables!...

Constatons aussi que le principe, par rapport aux devoirs imposés par la création à tous les hommes, se formule par : PRODUIRE MIEUX et PLUS que l'on ne consomme :

Donc, on le voit, en pratiquant l'action PRÉVUE et PRÉCONÇUE par le PRINCIPE, on arriverait certainement à une abondance si considérable, qu'à un temps donné, personne ne saurait endurer de privations sur la terre.

Cette idée (dérivant effectivement du principe créateur) dans sa transformation de rapprochement intime, auprès des unités personnelles du genre humain, se manifeste PHYSIQUEMENT dans la LOI dont l'IDÉE RÉALISTE résume L'APPLICATION en l'organisation NATIONALE des sociétés (1).

L'idée RÉALISTE en son application, se motive et peut s'exercer impartialement par les MODIFICATIONS RÉGLEMENTATIVES suivantes :

1°. PRÉDOMINANCE de la *loi naturelle* par la BANQUE NATIONALE sur tous les hommes, ou ABOLITION DE TOUS PRIVILÉGES AUTORITAIRES de *spoliation* ou d'*indélicatesse* financière quelconque.

2°. INTERDICTION ABSOLUE à tout délégué au POUVOIR EXÉCUTIF de dénaturer sa MISSION, en accordant des places ou des emplois autrement que sanctionnés par le concours et justifié par le mérite.

3°. SUBVENTION, RÉTRIBUTION OU ÉMOLUMENTS proportionnés aux résultats obtenus en vue : — de la moralité, — de la production utile au perfectionnement du genre humain, applicable à tous ceux qui sont soldés des deniers provenants de l'impôt, c'est-à-dire, du LABEUR DES TRAVAILLEURS et de la PRODUCTION seulement, etc., etc.

Toutefois, nous devons constater que l'être humain est né d'ordre inférieur à la création, qu'il est *d'origine imparfaite* (puisqu'il est mortel), *absorptif* et *égoïste* (qu'il éprouve des besoins et des passions auxquels il ne saurait se soustraire) Et cependant, un *être mixte*, autonome et libre en sa pensée et ses décisions. — L'homme est aussi l'unique intermédiaire entre l'ordre providentiel de la création et son seul coopérateur, par rapport à toute procréation terrestre.

Déclarons encore qu'en FAIT l'HOMME n'étant qu'un *sujet* d'ordre inférieur à la création, bien que souverain (mais en sa collectivité et par rapport à son ORGANISATION NATIONALE seulement), l'être humain EST, se MANIFESTE forcément, sciemment ou inconsciemment, comme deux êtres différents, absolument dictincts; NORMALEMENT OU NATIONALEMENT : *anormalement* ou *anti-nationalement*.

---

(1) Le *substantif* IDÉE est interprété ici dans un sens nouveau (approximativement comme esprit d'ordre supérieur à la créature), découlant directement du principe créateur.

Soit : quand il gouverne ou qu'il agit en homme impartial, normal (majeur), équitable et juste en vue de l'intérêt général, pour l'unité nationale, en se conformant à la **LOI NATURELLE** ; — ou en individualiste, c'est-à-dire en homme égoïste, anormal, pour ses intérêts personnels, en vue de lui-même, en transgressant la **JUSTICE SOUVERAINE** et les **LOIS** de la **NATURE**, quand il abuse injustement de droits *autoritaires*, de sa supériorité intellectuelle, de l'IMPUISSANCE ou de la NAIVETÉ d'autrui pour s'attribuer *spoliativement* ce qui appartient légitimement aux autres (1).

Le grand levier, le puissant moyen — d'anéantir toutes les calamités terrestres, — d'émanciper le monde, — de vivre en harmonie (entre tous les peuples), — d'aboutir successivement à toutes les perfections, et de conquérir toutes les libertés, Est (répétons-le, car nous devons l'affirmer) :

L'IDÉE RÉALISTE !... Son action s'exerce par la majorité des citoyens, agissant directement, sans délégation (aussi contre nature qu'impuissante à pouvoir édifier le juste), pour constituer la base fondamentale d'une organisation impartiale ; puisque les hommes sont *nativement* **IMPARFAITS**.

CETTE IDÉE est formée de deux éléments : — Un élément moral ou métaphysique, et un élément de production matérielle ou physique :

L'élément métaphysique est : L'application de la **LOI NATURELLE** dans tous les rapports.

L'élément physique est : — Le **CRÉDIT NATIONALISÉ** et LIBÉRALEMENT réparti au nom de TOUS et au bénéfice de TOUS ?...

Ces deux éléments, matrimonialement réunis, et mouvementés par un rapprochement intime et incessant, en l'action des prêts LIBÉRALEMENT ACCORDÉS, constitueraient une organisation financière *provisoire*, aussi fructueuse et aussi ÉTONNAMMENT EFFICACE, que le Crédit actuel est antagoniste au **BIEN** et procréateur du **MAL**.

---

(1) Nous employons le qualificatif de JUSTICE SOUVERAINE, comme signifiant d'ordre supérieur à toute justice humaine.

Attendu, et que, sans déroger à la vérité : — la Banque nationale peut se comparer à l'arbre de la vie humaine, ARBRE assez puissant, assez fécond pour faire naitre tout ce qui est nécessaire et indispensable à une prospérité toujours croissante en donnant satisfaction à toutes les justes aspirations du genre humain.

VI.

Cause originelle des erreurs et des calamités sociales.

Nonobstant ces critiques, (sommairement exposées), que les calamités publiques et la réalité obligent à révéler, il ne doit pas moins être admis positivement par quiconque prétend agir honnêtement et conformément à la légalité réelle que l'homme, comme sujet de la nature, est né pour se conformer à la loi naturelle; — mais non pour la modifier selon ses désirs personnels!...

Qu'en conséquence, tous les hommes sans distinction doivent se soumettre à elle, et non l'outrager ostensiblement en *mentant* publiquement à des promesses faites ainsi qu'à des engagements volontairement contractés.

Ainsi, celui qui gouverne souverainement, selon *lui*, agit inconsciemment, mais notoirement comme un imposteur, puisqu'il se *constitue* le protecteur d'un privilége odieux, alors qu'il a promis de *gouverner* IMPARTIALEMENT !... Et d'ailleurs, tous les gouvernements, quel que soit le régime qu'ils adoptent, prétendent n'être que l'expression d'un pouvoir exécutif quelconque, soi-disant : — divin, pour les légitimistes; — de l'esprit national, pour les absolutistes; — de la majorité des délégués, pour les parlementaristes ; — des droits naturels et de TOUS, pour les républicains.

Or, exercer le pouvoir exécutif? — Ne consiste pas plus à faire faire des lois contradictoires du juste selon ses désirs, qu'à s'autoriser à déplacer tel ou tel, d'accorder des emplois ou des sinécures rétribués avec le produit de l'impôt, qu'à s'attribuer à soi-même une *autorité* ou des honoraires exorbitants!...

L'exercice des pouvoirs exécutifs n'est pas autre chose que : — Présider à l'exécution des règlements et des idées adoptés en commun, avec mission *expresse* de constater préalablement s'ils sont conformes à la loi fondamentale du pays : mais non autre chose, sans FORFAIRE mensongèrement à l'acte constitutif du pouvoir, sollicité par les MANDATAIRES et consentis par les ÉLECTEURS.

A vrai dire, tous les gouvernements qui, jusqu'à présent, se sont succédé dans tous les pays, ont failli outrageusement à leurs engagements, et chez nous plus qu'en toute autre nation, attendu que depuis 89 il est inscrit dans nos constitutions que tous les FRANÇAIS sont égaux devant la loi.

Par conséquent :

Pourquoi des pouvoirs souverains à des délégués ? — Pourquoi des priviléges financiers ? Pourquoi des rois, des empereurs, des républicains, des ministres et tant d'autres, disposant des places selon leurs *préférences*, leurs *caprices* ou leur *fantaisie ?...*

Agir ainsi, est une indignité inconsciemment commise par ceux qui le font ; mais autoriser à le faire est bien autrement insensé !... Donc, ô vous, peuple qui, avec raison, vous vous plaignez toujours du fait que vous êtes TOUJOURS malheureux : — Pourquoi déléguez-vous des pouvoirs souverains, puisque vous savez que tous les hommes sont *imparfaits*, *égoïstes* et *partiaux :* — Et pourquoi autorisez-vous ces hommes à procréer *usurpativement* un privilége qui vous exploite en vous dévalisant impunément du fruit de vos travaux !... Ou plutôt : pourquoi tolérez-vous l'exploitation financière (caractérisée par la Banque de France actuelle), puisque le papier qu'elle met indûment en circulation, au bénéfice de quelques-uns, devrait l'être par la Banque nationale, au nom de tous et à l'avantage de tous.

Faites LÉGALEMENT, IMPARTIALEMENT par la majorité du nombre au moyen de pétition, que cela soit : Alors, non-seulement vous serez heureux, mais vous aurez consacré la sécurité du présent et assuré l'avenir de l'humanité !.....

D'ailleurs, comment, jusqu'à présent, pouvoir être administré équitablement, puisque l'on agit toujours contrairement à la loi naturelle et que tous les gouvernants, même les républicains *spécialistes*, s'arrogent eux aussi de faire des lois selon eux, de *décider* les *impôts*, les *voter*, les *percevoir*, et se les *distribuer* entre eux ou à leurs préférés, contrairement à l'INTÉRÈT national, à leur DROIT impartial et à toutes les **JUSTICES** !...

Désigner, *appeler* ou *nommer* cette manière de faire, ou ces iniquités incomprises, GOUVERNER les peuples, peut être accepté et admis, inconsciemment par ceux qui en profitent ; mais ce mode d'action n'en est pas moins aussi *anti-naturel* que spoliateur, envers les producteurs, qui, eux seulement, soldent toutes les exactions.

Que ces ABUS de POUVOIRS, ces erreurs sociales PRÉJUDICIABLES à la NATION, à tous les gouvernements, ainsi qu'à tous les citoyens, aient été tolérés alors que le mensonge, la tromperie étaient en pleine floraison, et quand on ignorait le moyen d'y remédier, soit : ne revenons pas sur le passé, car c'est le sombre présent que l'on doit éclairer et faire changer !... Mais il n'en est pas moins intolérable de supporter plus longtemps la domination des INDIVIDUALISTES délégués, sacrifiant l'équité à leur orgueil.

A cet effet, il est obligatoirement nécessaire que chacun sache et consacre pour toujours, pour *lui-même* et pour ses descendants, que chaque homme est un citoyen, que nul n'est plus que l'autre, et que PERSONNE au monde n'a droit d'abuser de pouvoirs délégués ?...

Car, Et on va voir que c'est par une *usurpation souveraine*, mais abominablement insensée, que les gouvernants ont accordé un *privilége financier*, iniquement préjudiciable à TOUS et à TOUT, puisque c'est de son fait, et par lui seulement que tout PÉRICLITE, et que s'effondrent successivement toutes les nations.

La CAUSE originelle de tous les maux *est :* l'acte *autoritaire* des gouvernants qui, *outrageusement* et sans aucun *droit* légitime, se sont arrogé celui d'octroyer la *circulation* du titre national de crédit public à quelques financiers : — Conséquemment de mettre à leur disposition ainsi qu'à la merci des *péculateurs*, le seul moteur de toute richesse, l'unique outil de toute production, l'origine instrumentale qui détermine tout ce qui est nécessaire à l'alimentation, SOURCE DE LA VIE, — Le mouvement et l'action productive, de toutes satisfactions et de toute sécurité.

L'ACTION déterminée par la cause originelle de tous les maux, est d'avoir autorisé exclusivement des privilégiés à percevoir des intérêts (pour du papier qui ne leur coûte rien) et d'exploiter ainsi tous les producteurs en accaparant des bénéfices tellement *scandaleux*, qu'ils dépassent même le produit net de la production générale du pays.

De là les *liquidations*, les *révolutions fatales* et toutes les *calamités publiques*.

Le FAIT émanant aussi du privilége financier, EST : Qu'étant SOCIÉTÉ *particulière*, elle est, de ce fait, constituée antagonistement et spoliativement contre la sécurité nationale et l'intérêt des particuliers. Car s'emparant de tous les bénéfices sociaux quand les affaires VONT, c'est elle qui fatalement détruit le Crédit au cas de crise, alors qu'il est le plus indispensable.

Les RÉSULTATS toujours déterminés par cette cause *absorptive* sont la corruption individuelle; — les concessions particulières, — les liquidations, — les faillites, — les révolutions et enfin comme aujourd'hui, la *guerre*, la *destruction*, parfois même la DÉCADENCE.

Or, le crédit actuel (c'est-à-dire : *particulier* et *restreint* au lieu d'être NATIONALEMENT GÉNÉRALISÉ) dans son *impuissance innée*, son *atonie fatale*, pousse la Nation dans un précipice affreux qu'elle ne peut éviter, si, non mieux inspirés que nos aînés (par rapport à l'organisation sociale), nous nous laissons dominer plus longtemps par cette marâtre institution.

C'est elle, cette Banque, BATARDE et PROSTITUÉE, qui a dominé, perdu et corrompu tous les gouvernements passés, c'est elle aussi qui a anéanti tous nos gouvernements précédents.

MALHEUR, trois fois MALHEUR, si nos gouvernants (improvisés) continuent à se laisser exploiter par cette institution *anti-naturelle*, et qu'ils ne prennent pas la DÉCISION de LIBÉRALISER immédiatement le titre du crédit national.

Mais MALHEUR et tous les MALHEURS, si vous, ô peuple de France, vous vous laissez encore aller à votre insouciance et à votre confiance habituelle, en déléguant sans restriction vos droits naturels, et si vous n'anéantissez pas cette *banque spoliative* qui entrave tous vos élans magnanimes de PATRIOTISME et de PRODUCTION aussi SUBLIMES que DÉVOUÉS; car de cette institution anti-naturelle ressort et pullule le germe *incestueux* de toutes les *erreurs sociales* et de toutes les *iniquités produites!...*

VII.

Objections et réfutations. — Enumération des causes d'atonie, de ruine et de misère, engendrées et consacrées par le crédit particulier, comparées aux résultats régénérateurs et vivifiants du crédit nationalisé.

L'objection primordiale qui sera faite au crédit nationalisé, est que : — Pendant cinq ans l'argent n'étant plus considéré comme une marchandise, le trafic d'*escompte* et de *prêt* ne seront plus exercés par les particuliers ?

La deuxième : — la crainte que les billets de Banque nationalement émis, n'offrent pas de garantie suffisante, ou une confiance sérieusement justifiée ?

Enfin, la troisième objection la moins fondée, et pourtant la plus difficile à faire répudier, est celle qu'opposeront, sinon systématiquement, mais inconsidérément, les *individualistes anormaux* par des propositions d'inventions particulières transgressives de la loi naturelle !

Nous répondons : — Les banquiers sérieux et honnêtes, aussi bien que tous les citoyens doivent adopter le crédit provisoirement nationalisé ! — Parce que c'est le seul moyen de faire renaître le travail, la force morale, le patriotisme de tous les citoyens, de *guérir l'atonie* actuelle, de se prémunir contre les misères futures et toutes les calamités redoutées.

Quant à la garantie des billets émis et la confiance qu'ils doivent inspirer ! — L'une et l'autre sont bien autrement sérieuses, et mieux justifiées que celles qui sont inhérentes aux billets émis par la Banque de *France actuelle.*

C'est ici où nous devons DIRE et par cela même, que l'on doit RECONNAITRE l'immense différence qu'il existe dans le CRÉDIT NATIONALISÉ, et tous les systèmes qui se sont produits jusqu'à présent.

D'abord on sait qu'il n'y a pas de numéraire en suffisante quan-

lité, pour les transactions ; — que normalement les titres en papiers
y suppléent et que tout crédit est un emprunt sur le travail futur.

Mais on doit reconnaître aussi que tout TITRE en papiers de
banque ou *autre*, est émis par la volonté et au bénéfice de quelques-
uns seulement, ce qui constitue son INIQUITÉ, sa DÉPRÉCIATION
FATALE et son illégitimité !.....

Tandis que le billet de banque collective (expression du crédit nationalisé) est réellement LÉGITIME et représente positivement de l'AR-
GENT.

Attendu qu'il serait admis au moyen de pétition, signé par les deux
tiers au moins des citoyens, et que les intérêts provenant de sa circulation par les prêts et les escomptes étant capitalisés dans les caisses
de la Banque nationale, seraient représentés en capital ou valeurs
représentatives réelles.

Donc il résulte de cette DÉCOUVERTE, que si le crédit national était
continué, à un temps donné, non-seulement la NATION serait bientôt
affranchie de toutes ses *dettes*, mais aussi assez riche pour garantir
la propriété de chacun, solder les impôts, prévenir les faillites,
rembourser les pertes éprouvées, et enfin faire une pension à tous
les vieillards sans exception !.....

Relativement à la troisième objection, il faut constater : — Qu'en
fait, elle est résolue déjà par ce qui a été dit ou sans résolution possible, attendu qu'étant tous malheureux de leur FAIT, les hommes doivent se conformer OUI ou NON à la loi naturelle.

Toute la question d'organisation nationale se résume dans la solution de cette proposition !...

C'est donc à eux de choisir entre la *spoliation légalisée* au *profit*
de quelques-UNS ou le crédit NATIONALISÉ AU BÉNÉFICE de TOUS.

Que ces affirmations soient niées par tous les *individualistes* HEU-
REUX, c'est on ne peut plus logique, puisque, ne subissant pas le
mal, ils ne peuvent comprendre les causes qui ne les atteignent pas.
Par conséquent, il leur est impossible aussi de pouvoir trouver le
REMÈDE aux *maux* qui déciment la société, puisqu'ils sont les *bénéfi-
ciaires* des *injustices légalisées inhumainement*.

Conséquemment, c'est à la majorité des citoyens à se prononcer légalement par voie de pétition ou plébiscite volontaire !...

La RÉALITÉ ainsi que tous les résultats produits, prouvent : — Que le *privilége financier* dominant tout le monde, est l'UNIQUE et le *grand coupable*, qui engendre et qui perpétue tous les maux !...

Ainsi, aujourd'hui comme en 1848, nous dirons encore, qu'il est *impossible* d'*organiser* la SOCIÉTÉ, avec ce *privilége* odieux dont le *fait* est de *paralyser* toutes les actions VITALES de la société, et de préconiser tous les vices sociaux.

Cependant nous devons déclarer aussi qu'il nous est désagréable et peu de notre goût, d'être obligé de venir dire à nos contemporains : — Vous vous êtes tous trompés !...

Soit : En considérant là *Banque de France* (caractérisant le Crédit particulier) comme une institution *nationale* et *impartiale*.

Soit aussi : En s'insurgeant contre la nature pour faire prédominer des utopies humaines sur la loi naturelle.

Soit encore : En accordant des pouvoirs souverains à un être humain quelconque ; puisque (voyez quelle contradiction stupide) en toute circonstance, il est constaté que les hommes sont imparfaits !...

Aussi : Et fatalement on subit aujourd'hui les conséquences logiques de l'incurie et de la présomption orgueilleuse des hommes.

1°. Parce qu'ils ont toléré des priviléges financiers contradictoires de l'ÉQUITÉ, de l'IMPARTIALITÉ et de la NORMALITÉ NATIONALE ;

2°. Parce qu'ils ont transgressé toutes les LOIS de la NATURE ainsi que toutes les JUSTICES ;

3°. Et enfin parce qu'ils se sont départis insensément de leurs droits souverains pour en trafiquer ignominieusement, au profit de délégués inconscients, qui forcément (étant nativement imparfaits) en abusent fatalement pour des satisfactions *orgueilleuses* inventées par des *partis politiques* ou autres, mais positivement *anti-nationales*.

Et de fait, nous préférerions de beaucoup enseigner un moyen qui permît de s'émanciper en se récréant : — Cela nous serait plus agréable, plus facile et plutôt accepté !....

Mais nous ne pouvons MODIFIER les faits de la création.

Car de même qu'en Californie, on n'a pu découvrir d'autre or que celui créé par la nature, de même aussi nous ne pouvons démontrer que le principe de la LOI NATURELLE qui EST en elle.

Moralement et métaphysiquement, cette loi, ou plutôt l'IDÉE RÉALISTE qui en est l'application, se traduit ainsi :

SYMPATHIE réelle et sincère pour tous les peuples !... RESPECT ABSOLU de toute nationalité !... SÉCURITÉ et IMPARTIALITÉ envers le corps de la nation solidarisé et satisfactions PHYSIQUES, MORALES et INTELLECTUELLES à **TOUS** les citoyens.

En application, ou physiquement, elle se produit par : le CRÉDIT NATIONALEMENT réparti, et LIBÉRALEMENT GÉNÉRALISÉ.

Mais il importe au suprême degré de constater positivement enfin, qu'il suffit, pour parvenir à atteindre les résultats énoncés, de débuter originairement en annulant provisoirement le privilége financier actuel, et de **CONSTITUER** par une banque génératrice, le MOYEN de répartir libéralement le CRÉDIT NATIONALISÉ.

Les inconscients des calamités qui nous étreignent de toute part : — soit par atonie, — indifférence, — égoïsme, — orgueil ou incompréhension, disent : — Ces propositions sont excellentes, mais il faudrait beaucoup de temps pour les réaliser, et nous devons d'abord expulser les Prussiens ?...

Sans doute, et plus que tout autre, nous sommes de cet avis, car, et sauf une découverte plus efficace, nous prétendons (et peut-être, ce sera malheureusement compris trop tard), que le crédit nationalement réparti, est le SEUL et l'UNIQUE moyen qui PUISSE EXPULSER L'ENNEMI, RECONQUÉRIR la NATIONALITÉ FRANÇAISE, son INTÉGRALITÉ, son RANG et sauver la NATION en reconstituant la **VIGUEUR** et le PATRIOTISME **NORMAL** de tous les citoyens.

Attendu que non-seulement le Réaliste ne propose pas de cesser les armements, au contraire il vient donner les moyens de les multiplier, ainsi que les défenseurs de la patrie, car comment faire pour expulser les Prussiens puisque, bien qu'ayant de l'argent pour l'approvisionnement de l'armée en campagne ; il en manque pour reconstituer ce qui nous est pris ; — que l'on ne fabrique pas les armes ou engins de guerre qui font défaut : — que le prélèvement de cet argent ruine les parents des combattants, et que l'on sacrifie aussi l'avenir de ceux-ci par des emprunts *anormaux* et *anti-naturels*. — Tandis que le Crédit nationalisé augmente la valeur de nos soldats, puisqu'il assure un avenir à tous et qu'il ne serait pas long de provoquer administrativement la réunion des électeurs dans toutes les communes, et après les avoir initiés aux bienfaits de ce crédit, tous au moyen de pétitions, pourraient se prononcer pour ou contre son adoption !.....

.·.

L'incompétence des hommes est notoirement caractérisée, par leur obstination *instinctive* à vouloir gouverner selon eux, puisqu'ils ne comprennent pas encore que tout pouvoir (même celui que les meilleurs républicains invoquent, quand on agit souverainement en préconisant l'action absorptive de la *Banque de France*), est fatalement antagoniste de toute PUISSANCE collective humaine? puisque, faute de voir les choses telles qu'elles sont, de les analyser, positivement et NATIONALEMENT, ils ne comprennent pas que cette institution, *corrosive*, recelle en son sein le *serpent maudit* qui accapare et atténue l'OUTIL de toute production, l'INSTRUMENT de toute richesse et le patriotisme de tous les citoyens.

En conséquence, et de ce fait seulement, eux, (ces INSENSÉS *gouvernants*, ces *moutons* nommés *pouvoir exécutif*) sont, et sans même s'en douter, sacrifiés par cette ignominieuse *institution*, et d'autant plus *sottement*, qu'ils s'en font BÉNÉVOLEMENT les *complices*. — Car ils n'ont pas observé encore, eux, ces *prétentieux* INABORDABLES (tant ils se croient *capables*), qu'ils deviennent forcément *antagonistes* de tous les citoyens, et les *sacrificateurs* de la PROSPÉRITÉ GÉNÉRALE ; puisqu'étant dominés par cette institution cupide, ils agissent *forcément* et *fatalement* ANTI-NATIONALEMENT.

Ainsi, on vote des subsides, et c'est logique, — (puisque l'on ne sait et l'on ne connaît rien de mieux pour *soutenir* la guerre ;) mais on ne se rend pas compte que chaque somme votée est prélevée sur les contribuables, et que cet argent (seul instrument du travail), disparaissant de la circulation, restreint la production et détermine, nous l'avons dit : dix fois plus de — MAL que de BIEN.

Et l'outil de la production nationale étant disparu : — Comment travailler, construire, vivre et produire ?

Comment payer ses impôts, tout étant anéanti ?

Comment pourront-ils se solder, vingt départements étant ravagés?...

Ne devrait-on pas, OBLIGATOIREMENT, sérieusement, logiquement et NATIONALEMENT GÉNÉRALISER le crédit, au lieu de l'ANNULER, afin de PRODUIRE, puisque l'on CONSOMME, et pouvoir 'soulager effectivement toutes les victimes de la guerre, vieillards, femmes et enfants', en les transférant par delà de la Loire, ou même dans le Midi, et prendre soin d'eux?

On répond : tout cela est impossible!..,.

Oui, impossible! Pour les *individualistes* seulement, qui s'obstinent à vouloir gouverner selon leur volonté *nativement* ÉGOISTE, et *fatalement* PARTIALE. — Mais pour ceux qui (et c'est le plus grand nombre) sont disposés à faire ABNÉGATION de leur PERSONNALITÉ en faveur de l'UNITÉ NATIONALE, en se ralliant à la LOI NATURELLE, c'est bien différent : — car, pour tenter FRUCTUEUSEMENT de remédier au mal, il suffit de s'affranchir de la domination du PRIVILÉGE FINANCIER, et de répartir LIBÉRALEMENT le titre du CRÉDIT NATIONAL.

Comme preuve démonstrative et évidente de ces affirmations, il a été admis l'émission d'une somme de 100 francs par tête (pour les trois départements constitués en vue de la défense nationale.

Admettons le même chiffre pour toute la France, donc pour 40 millions d'habitants un total de 4 milliards : soit facultativement moitié pour TERMINER la guerre, et l'autre pour NATIONALISER le crédit.

Constatons que cette somme (relativement MINIME, mais suffisante pour parer à tous les inconvénients) serait immédiatement et absolument disponible; — et dès-lors, que ne ferait-on pas avec une puissance pareille?

Ainsi, on pourrait presque immédiatement réunir 100 mille francs-tireurs, augmenter l'armée qui approvisionnée de toutes choses, pourrait alors enserrer l'ennemi de manière à lui faire demander *grâce à merci*.

Les individualistes objecteront certainement que ces billets ne sont pas du numéraire? — Répétons encore qu'il n'existe pas d'argent métal en suffisante quantité pour le trafic des affaires, et qu'en normalité, c'est le papier chirographaire qui en tient lieu.

Constatons aussi qu'en fait comme en réalité, le numéraire est superflu à l'intérieur, et que, grâce à Dieu, la Nation française est la plus riche en métaux précieux ; ce qui peut permettre d'acheter à l'étranger des armes et des approvisionnements en suffisante quantité. D'ailleurs les billets de la Banque génératrice (du fait qu'elle est autonome) par les intérêts reçus, seront bientôt représentés par des valeurs réelles, avantage que n'ont pas les billets de Banque, partant offrant des garanties supérieures à n'importe quel genre de crédit.

Et puis, n'avons-nous plus d'argenterie, ni d'or, et quelle est donc la femme, la fille, qui n'offrirait l'échange de leurs bijoux contre le signe du crédit national, afin d'affranchir son pays du joug de l'étranger, de sauver la vie, l'honneur de son mari, de son père, de ses frères, ainsi que leur dignité personnelle ?... Car, en cette crise d'enfantement de l'**ORGANISATION RÉALISTE**, ce n'est pas seulement l'indépendance des hommes qui en ressortira, mais aussi les droits civils et le bien-être de la femme.

De ce qui précède, deux milliards sont disponibles pour raviver les affaires, par les succursales de la Banque collective.

Or, au lieu de travailler absolument au luxe, on s'occuperait à faire des armes, — des fortifications, — l'exercice, — des travaux d'utilité publique, et tout ce qui est obligatoirement nécessaire à la situation présente.

Et dès-lors plus de souffrances morales qui *tuent* ou qui *rabaissent*. — Les IMPOTS et les OCTROIS seraient payés. — La misère paralysée, L'ATONIE détruite ; et enfin le plus enviable des nombreux résultats que donnerait assurément le CRÉDIT NATIONALISÉ, serait que chacun aurait reconquis la splendeur de sa NORMALITÉ, sa virilité sociale et la NATION dans son ENSEMBLE solidarisé, l'aspect d'un GRAND PEUPLE donnant l'exemple du DÉVOUEMENT et du courage CIVIQUE, en inaugurant dans le monde le principe d'ÉMANCIPATION qui doit se PERPÉTUER à jamais, sur toute la surface du globe.

VIII.

Propositions, résolutions, moyens d'actions et Conclusions.

Permettez-moi, Monsieur, puisqu'ayant eu la bonté, de suivre ce travail, tout en vous remerciant de votre désintéressé concours, d'enseigner comment il sera possible de parvenir à l'adoption du crédit nationalement réparti.

Nous nous proposons, bien entendu, d'adresser le SALUT NATIONAL, aux membres du Gouvernement provisoire de la RÉPUBLIQUE à plusieurs préfets, municipalités et conseils-généraux, notamment à ceux des départements du Cantal, de la Haute-Loire et du Puy-de-Dôme, ainsi qu'au Comité central de la défense nationale de Clermont-Ferrand, etc., etc.

Toutefois, malgré le bon vouloir de ces Messieurs, les entraves administratives, ainsi que les contradictions particulières doivent faire redouter, sinon, d'être compris, mais qu'ils ne saisissent pas mieux l'OPPORTUNITÉ IMMÉDIATE du projet qu'ils n'ont apprécié jusqu'à présent le péril affreux dans lequel se trouve notre chère patrie :

Car, épuisant tous leurs efforts à imiter un passé administratif néfaste, ils ne provoquent rien de nouveau pour lutter contre des calamités nouvelles, au contraire : et sans même se donner la peine d'étudier ce qui leur est présenté, ils répudient tout ce qu'ils ne connaissent pas (1).

Conséquemment, puisqu'il n'y a pas d'effet sans cause ; — et que la cause de tous les maux (mais incomprise par eux) EST : la domination spéculative et la stagnation que nous impose l'impuissance de la Banque de France, il est évident que, si l'on ne détruit pas cette cause, les choses ne peuvent qu'empirer et aller de mal en pis.

Etablissons une comparaison en citant un exemple des méfaits de

---

(1) Cette accusation de négligence, bien qu'impersonnelle, n'en est pas moins fondée, puisque la brochure énoncée plus haut (résumant le crédit nationalisé) a été adressée les premiers jours du mois d'août à tous les ministères, à MM. les membres de la défense nationale, et qu'il n'en est pas tenu compte.

cette institution de crédit dont l'iniquité native décime la société !

En 1848, le crédit ainsi que le bien-être des populations étaient peu développés, par conséquent, l'égoïsme et la vanité de tous infiniment moindres.

Et, déjà à cette époque, la *Banque de France*, par la cessation et la parcimonie de ses escomptes, a provoqué les désastres de *Juin* et l'*assassinat* de la trop faible République, qui, alors comme aujourd'hui, était dominée par elle.

En ce moment, le crédit est d'une importance beaucoup plus considérable. Conséquemment, si on continue les mêmes errements, ce n'est plus la liquidation de quelques particuliers, qui en sera l'horrible conséquence; mais une ruine générale : et probablement, une liquidation désastreuse de la Nation au profit de nos ennemis.

Or, puisque tout le mal vient d'une atonie générale (fléau empirique que l'absence de crédit a répandu partout), et provenant exclusivement de l'impuissance des institutions du crédit actuel, ainsi que de l'atermoiement du payement des sommes dues, etc., etc.

Et, puisque le crédit est aussi INDISPENSABLE à la VIE SOCIALE, à la production GÉNÉRALE, que l'air à l'EXISTENCE du GENRE HUMAIN, pourquoi ne pas reconstituer un CRÉDIT NOUVEAU? Qui étant libéralisé au bénéfice de tous, peut sortir la NATION du péril où elle EST, sauvegarder tous les intérêts, l'indépendance et les satisfactions de tous?

Toutefois, si comme initiative spéciale, nous n'espérons pas absolument dans les AUTORITÉS politiques et civiles, nous devons croire à leurs concours individuels, puisqu'ils se qualifient tous d'être JUSTES, IMPARTIAUX et honnêtes. — Donc, il faudra bien, comme tout le monde, qu'ils se prononcent, — pour le BIEN ou pour le *mal*, pour le JUSTE ou pour l'*injuste*, pour l'ÉQUITÉ ou pour l'*iniquité*, enfin, pour l'abolition du PRIVILÉGE FINANCIER ou pour sa CONSÉCRATION HOMICIDE envers la Nation et les nationaux.

D'ailleurs, nos instructions ne s'appuient pas sur une futilité éventuelle, mais bien sur des DROITS dévolus par la nature à tous les êtres humains; et puisque tous les citoyens prétendent (justement) être nés AUTONOMES, LIBRES et ÉGAUX devant la LOI, ils doivent user de leur droit personnel, en sollicitant, et, au besoin, en exigeant de tous leurs REPRÉSENTANTS l'atermoiement du privilége financier et la constitution immédiate du crédit nationalisé, alors qu'ils seront en majorité, MAJORITÉ facile à obtenir, nous le répétons, au moyen de pétitions signées par les ayants droit.

En fait, LE SALUT NATIONAL se formule en un projet de BANQUE, AGISSANT et FONCTIONNANT NATIONALEMENT, AU NOM DE TOUS ET POUR TOUS, SOUS L'ÉGIDE DE LA NATION solidarisée, PENDANT L'ESPACE DE CINQ ANS (1).

La proposition de cette Banque se résume en ces deux extrêmes :
Être vainqueurs des Prussiens, et tous les bienfaits de cette condition normale, — ou être sinon vaincus, au moins ruinés de fond en comble, et subir toutes les horribles conséquences de cette position anormale.
Donc, quiconque préconise le crédit nationalisé, agit NORMALEMENT, en être COLLECTIF, avec la FRANCE et pour la NATION; — mais qui répudie ce PROJET en faveur du CRÉDIT PARTICULIER, agit *anormalement*, en *individualiste mineur*, contre la *France*, *antagonistement* aux LOIS de la nature et les droits naturels de chacun.

Constatons : — Que parler est le contraire de faire.
Que chaque homme majeur, en France, est un citoyen, qui ayant droit de voter, est (quelle que soit sa condition, du moment qu'il est honnête) égal à qui que ce soit.
Que le passé (pour nous spirituels Français) s'est écoulé et traduit par des discours négatifs d'actions, et une indifférence néfaste?...
Modifions ce passé : — Le devoir d'agir est venu!... donc remplaçons ce langage *futile* et *moqueur*, par des actions sérieuses et utiles.
Rallions-nous tous à L'UNITÉ NATIONALE, en nous conformant à la LOI NATURELLE, et que CHACUN, dans la mesure de ses FORCES et de ses MOYENS, travaille à la DÉLIVRANCE COMMUNE par son adhésion au CRÉDIT NATIONALISÉ.

C'est en vertu de ces DEVOIRS PRIMORDIAUX et du droit naturel, inhérent à tout être humain (à CHACUN comme à NOUS-MÊME), que nous ve-

---

(1) Nous devons rappeler qu'une indemnité, augmentée d'un tiers en plus que les bénéfices soldés aux actionnaires de la Banque de France, pendant les cinq années précédentes, est prévue et réservée en leur faveur.

nons déclarer à tous et à la face du MONDE, que notre PATRIE, que notre chère NATION et tous nos CONCITOYENS sont *sacrifiés ignominieusement* à la *cupidité* et à l'*égoïsme* insensé de la BANQUE de FRANCE actuelle par *l'autorité arbitraire* des *hommes politiques*.

Accusation prouvée d'ailleurs, tant dans cette brochure que dans celle énoncée plus haut, et que nous déclarons pouvoir impartialement, justifier encore de toute autre manière, en vue des droits de la Nation solidarisée, mais sacrifiés par eux.

Partant, nous accusons donc hautement nos GOUVERNANTS ainsi que CEUX qui préconisent cette *institution infernale*, d'être les auteurs insensés et inconscients de toutes les calamités qui nous assiégent! — Puisque par le RETRAIT des moyens de négociations dans les services publics et de l'ATERMOIEMENT des payements, on a *atténué* et *paralysé* toutes les FORCES VITALES du pays et TARI IMPUNÉMENT et CUPIDEMENT la source unique de toutes productions (1).

En conséquence et en vertu des droits sus-énoncés, nous venons *sommer* nos ÉDILITÉS GOUVERNEMENTALES et MUNICIPALES, ainsi que tous les comités constitués pour la DÉFENSE NATIONALE et tous les CITOYENS, d'accomplir leur devoir en travaillant à la constitution d'un crédit nationalement réparti, afin de redonner le PRINCIPE de vie à la NATION, l'ONCTION chevaleresque et l'ÉLAN patriotique à tous les nationaux.

D'après la RÉALITÉ et selon la LOI NATURELLE en organisation impartiale, c'est-à-dire administré NATIONALEMENT, ce n'est pas l'intérêt ni la cupidité pécuniaire ou honorifique de tels ou tels partis, qui doit prédominer sur TOUS, mais bien eux, qui doivent se soumettre à la NATION solidarisée.

Cette soumission obligatoire pour tous les hommes, assimilés aux qualités de la nature, en conformant leurs réglementations sociales à la loi naturelle, aurait pour résultat : — de les grandir considérablement, en RAISON aussi bien qu'en PUISSANCE humaine, et pour but : — de parvenir à ce que la Nation soit assez PUISSANTE pour pou-

---

(1) Voir les premiers numéros du RÉALISTE (corollaire du SALUT NATIONAL) pour la justification de ces faits.

voir, comme un bon PERE DE FAMILLE, assurer le bonheur de chacun, de telle sorte que, par l'efficacité du crédit nationalisé seulement l'on ne rencontrerait partout que MORALITÉ et PRODUCTION; donc tous ses enfants SATISFAITS, LIBRES et INSTRUITS.

L'efficacité du crédit proposé étant reconnue par tous (du fait, que PERSONNE au MONDE ne SAURAIT démontrer EFFECTIVEMENT son inefficacité) : — doit, pour son étude et son adoption ensuite être PRÉCONISÉE INCESSAMMENT et CONTINUELLEMENT, jusqu'à son application dans la base fondamentale de la réorganisation sociale.

Car si, d'une part : — Le crédit nationalisé et libéralement réparti, est l'origine de toute PRODUCTION et de toute force MOTRICE, de toute PUISSANCE et de toute RICHESSE, ainsi que tout le prouve ; — Et d'autre part : — que le mouvement bien dirigé des hommes soit la mise en action de cette puissance humaine, il faut donc AGIR plutôt que PARLER, et TRAVAILLER à la RÉHABILITATION au lieu d'attendre *insensément* des événements, qui fatalement seront d'autant plus désastreux que nous serons plus LENTS, plus *timides* et moins *impartiaux*.

Conséquemment, il importe réellement que les habitants des départements du Cantal, de la Haute-Loire, du Puy-de-Dôme et particulièrement de Clermont-Ferrand et des cantons circonvoisins, par initiative patriotique et volontaire, forment entre eux un Comité que l'on pourrait nommer Comité initiateur du CRÉDIT NATIONALISÉ.

Toutefois, déclarons que nous nous mettons entièrement à la disposition des autorités politiques, municipales et civiles, ainsi que de tout le monde pour répondre et résoudre toutes les observations formulées de manière à être rendues publiques (1).

---

(1) L'importance de la question posée, oblige nécessairement qu'elle soit étudiée publiquement. Aussi dans LE RÉALISTE, REVUE CRITIQUE de la *civilisation actuelle*, nous prouverons que l'erreur, préconçue par tous les hommes politiques, est de vouloir toujours faire prédominer la politique sur l'organisation nationale ; — Que le travail utile est une obligation naturelle et honorable ; — Que

Le Comité initiateur, ayant adopté l'idée de la fondation d'une Banque nationale, devrait fonder un Comité de propagande ayant pour but de se mettre en rapport avec les autorités, afin de développer au plus haut degré l'idée nouvelle.

Donc : — que chaque comité politique, constitué pour la nomination des députés à la Constituante; chaque société, chaque réunion et chacun, en se procurant quelques exemplaires du SALUT NATIONAL et quelques numéros du RÉALISTE, en adresse à ses amis, afin de provoquer personnellement la propagation de ce moyen de sauvetage général, de telle manière, à ce que partout et toujours l'on ne parle et ne s'entretienne que des moyens de sauver la situation.

Car tout le monde doit avoir pour DEVOIR PRIMORDIAL et pour BUT essentiel, que son pays ne soit pas soumis au *joug* de *l'étranger*, et que sa PATRIE, ses CONCITOYENS, sa FAMILLE et SOI-MÊME ne soient pas ruinés par ces *exécrables envahisseurs*.....

Que la femme engage son mari, — les sœurs leurs frères, — le père de famille ses enfants, à agir pendant quelques mois en faveur du TRAVAIL de la délivrance, — car plus l'action sera PROMPTE, plus le moyen sera EFFICACE ; — conséquemment, que tous se fassent l'apôtre ou le disciple de l'idée naturelle, le colporteur officieux de l'idée intime que recelle le cœur de tous les hommes impartiaux.

Et partout, qu'en toutes les habitations fréquentées par le public, sur les places, dans les rues, que chacun se dise et répète incessamment : — Voilà donc enfin un moyen qui doit doubler la valeur naturelle de nos soldats, puisqu'il assure le TRIOMPHE de l'équité, l'ATTÉNUATION de la misère et la SÉCURITÉ pour l'AVENIR.

Et alors ces conditions étant remplies inopinément, les comités seraient tous d'accord (car, il ne saurait en être autrement, toute question d'intérêt et d'égoïsme particulier étant écartée); ils pourront provoquer des réunions libres en chaque commune, préconiser le CRÉDIT ÉMANCI-

---

la paralysie qui frappe le pays, résulte de l'atténuation des banques, l'atermoiement des payements ainsi que de l'absence de petites coupures de billets de Banque; — Que *l'inaction* EST L'ANNULATION de *tout* et de *tous*, et enfin nous reproduirons les objections faites par des observations successives, jusqu'à ce que tout le monde soit d'accord sur l'URGENCE de l'OPPORTUNITÉ et de l'EFFICACITÉ du CRÉDIT NATIONALISÉ.

PATEUR comparé à la caducité SPOLIATIVE du crédit particulier, et faire signer des pétitions, formulées en ce sens.

Pour la Banque nationale, qui contribuera à nous affranchir des envahisseurs, des *ennemis* de la nation et de tous les privilégiés; — ou contre la *Banque particulière*, qui sacrifie la patrie à sa cupidité, en agissant comme si elle désirait l'ennemi ou qu'elle veuille nous faire périr de misère!...

Donc soit : — POUR ou CONTRE le CRÉDIT nationalisé et LIBÉRALEMENT réparti.

Habitants du Cantal, de la Haute-Loire et du Puy-de-Dôme, et tous nos concitoyens, que la conviction de nos amis et la nôtre (c'est-à-dire celle de tous ceux qui à Paris depuis 20 ans, comme ici depuis 20 jours, ont pris connaissance de l'efficacité du crédit nationalisé) passe dans votre âme et dans votre cœur, car, *assez* et *trop* longtemps déjà, l'indifférence pour l'intérêt national nous a perdus, en laissant prendre toutes les décisions de réglementations sociales par quelques hommes privilégiés *illégitimement* et *indûment*, du *fait* qu'étant imparfaits, ils *sollicitent* et *acceptent* des pouvoirs souverains qu'ils sont *impuissants* à *pouvoir remplir !....*

C'est le peuple, ce sont ceux qui souffrent (matériellement des sottises que commettent les avocassiers), c'est-à-dire la majorité des citoyens qui doit se sauver elle-même.

Dès-lors, que tous se relèvent de l'atténuation qui les enserre, et que, comme un seul homme, chacun travaille à la transformation provisoire du *privilége financier*, en une banque nationale tellement efficace qu'elle peut anéantir tous les maux!... Et quel honneur pour vous, chers concitoyens, d'avoir contribué à sauver la France du péril où les spoliateurs l'ont engloutie; car, vous serez bien alors les dignes fils de vos pères, et les vrais enfants de la noble France, puisque vous aurez compris que la société ne peut être régénérée qu'en implantant dans la base fondamentale de la République nationale le principe de toute morale et toute production.

Et vous tous, chers enfants de la France, qui habitez les autres départements, nous sommes avec vous comme avec tous, car notre devise est : tout pour l'unité nationale; abolition de tous les privilé-

— 44 —

GES, et RÉTRIBUTION proportionnée aux RÉSULTATS UTILES PRODUITS.

Nous vous disons aussi : — Agissez comme il est proposé de le faire. Propagez le SALUT NATIONAL de la FRANCE, par le CRÉDIT NATIONALISÉ, et vous aussi, vous aurez bien mérité de la patrie!...

L'idée et le moyen de cette délivrance, sont publiés à Clermont-Ferrand, mais leur découverte ressort du cœur de la France, de ce Paris, où depuis longues années nous l'élaborons!...

Comme ORIGINE : — cette IDÉE émane des LOIS de la NATURE, mais ses résultats économiques et son *moyen* d'application ont été puisés dans le domaine public.

Nous offrons ce projet à qui de droit, à tous nos concitoyens : — D'abord, parce qu'il leur est dû; et que résumant la pensée que tous soient heureux, il exprime leur désir intime!... Ensuite parce que c'est par eux, en agissant directement, et par leur majorité seulement, qu'il est admissible d'en légaliser équitablement l'adoption dans la base fondamentale de notre organisation.

Ce moyen étant la propriété PRIMORDIALE et EXCLUSIVE de tous les Français, appartient aussi bien : — à nos femmes, nos mères, nos filles et nos sœurs, qu'aux hommes, — attendu que le sexe féminin a droit, lui aussi, et au même titre que nous, à ses DROITS PERSONNELS, car par ses qualités, et peut-être MIEUX, et PLUS que les hommes, les FEMMES ont contribué aux progrès accomplis, et contribueront probablement encore à la procréation de l'IDÉE qui, naturellement, doit ressortir de la crise douloureuse que nous éprouvons.

Mais rassurez-vous et rassurez-vous tous, l'AVENIR est à NOUS, puisqu'aujourd'hui la société tient en ses mains le puissant moteur de ses destinées.

Oui, chers Concitoyens, — la MORALITÉ dans les actes, et le CRÉDIT NATIONALEMENT RÉPARTI sont le POINT d'APPUI et l'OUTIL GÉNÉRATEUR qui doivent sauver le monde de toutes les perturbations futures.

L'ACTION est : Le travail utile.

Les RÉSULTATS sont : — La production, l'indépendance, la sécurité et toutes satisfactions dues au genre humain.

Nous le répétons, que tous fassent leurs devoirs, en propageant l'idée du Crédit généralisé, et bientôt les Français, nos nobles et chers compatriotes, pourront jouir d'un heureux spectacle, en constatant la délivrance de leur PATRIE et leur émancipation ASSURÉE.

Cette idée : l'idée RÉALISTE, puisée dans la même cité où la corruption s'était concentrée (chose étonnante mais naturelle), ressortira des douleurs provoquées par les iniquités que les corrupteurs ont préconisées.

La RÉALITÉ, puisant ses affirmations dans les mauvais résultats du passé, conclut, en DÉCLARANT, PROCLAMANT et AFFIRMANT pour l'avenir — que toute décision émanant des POUVOIRS EXÉCUTIFS, et de tous les CITOYENS, n'ayant pas pour but de faire converger les actes de réglementations sociales, ainsi que les actions des particuliers vers la MORALITÉ et la PRODUCTION conformément à la LOI NATURELLE, sont d'*invention* PARTICULIÈREMENT HUMAINE ; conséquemment *utopique*, *spoliative*, *partiale*, *égoïste et cupide*, en même temps que transgressive des *intérêts nationaux* ainsi que de tout sentiment de DROIT NATUREL et d'IMPARTIALITÉ JUSTIFIABLE.

Donc vous tous, qui avez quelques influences sur les DESTINÉES du PAYS, et vous qui connaissez ces HOMMES de BIEN (mais *inconsciemment pervertis*), agissez sur leurs esprits *circonscrits* par des erreurs incarnées dans nos habitudes *anormales*, et puisées dans une *civilisation tronquée ;* — faites qu'ils soient à la hauteur des OBLIGATIONS NOUVELLES ; qu'ils agissent, ainsi que chaque citoyen avec eux, mais NORMALEMENT et PROMPTEMENT, en préconisant le crédit NATIONALEMENT RÉPARTI, afin de sauver notre NATIONALITÉ et la CIVILISATION MODERNE.

Que les vieillards, par leurs conseils ; les hommes virils par leurs actions, les femmes par leurs exemples, les filles par leur dévouement filial et fraternel, se confondent en cette occupation D'ORDRE PRIMORDIAL, la seule qui peut contribuer efficacement à SAUVER la PATRIE — attendu qu'il y a urgence extrême, car de la solution qui se débat aujourd'hui, il y va : — Plus que de votre FORTUNE et de votre VIE, puisqu'il s'agit aussi de votre NATIONALITÉ, de vos DROITS NATURELS, et de toutes vos LIBERTÉS !.....

AVIS DE LA PLUS HAUTE IMPORTANCE.

Revendication de justice éternelle et solution assurée de la question d'organisation des peuples par l'exercice légal, loyal et impartial des droits naturels de chacun.

Considérant qu'en droit éternel et de toute justice, nul n'a droit de disposer de la propriété d'autrui, et que les *privilégiés* de la *finance s'approprient induîment* ce que GAGNENT LÉGITIMEMENT les PRODUCTEURS ;

Considérant que le privilége financier, *protégé subversivement* par les gouvernants actuels, est tout particulièrement incompatible avec la RÉPUBLIQUE, proclamée le *4 septembre* 1870, sous la qualification de UNE et INDIVISIBLE ;

Considérant que les emprunts, de même que les intérêts attribués à la circulation du crédit sont soldés par les bénéfices de la PRODUCTION SEULEMENT ;

Attendu que le privilége de la Banque de France est ignominieusement spoliateur de la propriété d'autrui, et qu'en outre il *engendre, consacre et perpétue* TOUS les *maux ;*

DÉCLARONS : qu'en pactisant avec la *Banque de France*, les GOUVERNANTS divisent la SOCIÉTÉ en *péculateurs privilégiés* et en VICTIMES de leurs exactions : — Qu'en conséquence il y a lieu de substituer le CRÉDIT NATIONALISÉ au *crédit privilégié ;* car, pour éviter tous les malheurs qui nous accablent, il est plus qu'utile, mais est indispensablement urgent :

1°. Que tout prétendant à l'honneur de faire partie du POUVOIR EXÉCUTIF de la RÉPUBLIQUE ou de la CONSTITUANTE doit S'ENGAGER par ÉCRIT (régulièrement signé), qu'étant élu il proposerait ou voterait l'édification de la BANQUE COLLECTIVE substituée à la *Banque de France actuelle ;* car tout postulant déclinant cet engagement SACRÉ, ne serait pas digne d'être nommé, attendu que de ce fait il prouverait vouloir perpétuer l'exercice de l'exploitation des *parasites* sur les PRODUCTEURS.

2°. Que tout électeur qui déléguerait ses DROITS SOUVERAINS sans exiger cet engagement (UNIQUE SAUVETEUR de la SOCIÉTÉ), agirait béatement contre sa NATION, ses INTÉRÊTS, ceux de sa FAMILLE, son AUTONOMIE et sa LIBERTÉ !.....

LE RÉALISTE

ET

LA PAIX UNIVERSELLE

OEUVRE GÉNÉRATRICE DE L'HUMANITÉ

PARAISSANT A DATE INDÉTERMINÉE.

Le **RÉALISTE** est une Revue critique de la civilisation actuelle ou plutôt un livre ayant pour but de démontrer qu'il est facile d'ABOLIR la MISÈRE et de constituer la **PAIX UNIVERSELLE**.

Cette Revue a pour but de faire voir que la *politique*, ayant *usurpé indûment* le lieu et la place de la LOI NATURELLE, agit inconsciemment, transgressivement au *principe* de la *nature*, et positivement contre les intérêts nationaux. Elle prouvera, sous toutes les formes et de toutes les manières (en répondant aux justes observations présentées) qu'il est indispensable de faire prédominer la LOI NATURELLE sur les *utopies* gouvernementales *humaines*, le DROIT CIVIL sur la *politique*, la VÉRITÉ sur l'*erreur*, l'ÉGALITÉ sur les *priviléges*, l'ÉQUITÉ sur l'*arbitraire*, et qu'il faut être juste pour parvenir à être heureux.

Cette œuvre, toute différente des journaux politiques (quant à son examen et ses solutions), doit aboutir à des résultats efficaces, car, de fait, elle est la mise en action de tous les bons sentiments humains, par conséquent indispensable à tous et particulièrement aux lecteurs sérieux de journaux ordinaires. — C'est aussi le corollaire obligé du **SALUT NATIONAL**, puisque l'un justifie les moyens d'arriver au but proposé par l'autre.

VENTE ET ABONNEMENTS

Au Bureau du Journal, Rue Terrasse, 13, A CLERMONT-FERRAND

CHEZ LES MARCHANDS DE JOURNAUX ET LES LIBRAIRES.

Clermont. . . . 1 numéro, **10** centimes.
Départements.   —   **15**   —

ABONNEMENTS PAR 100 NUMÉROS :

Clermont . . . . **10** fr.
Départements (en bons sur la poste) . . . **15** fr.

(AFFRANCHIR)

Clermont, typ. Ferd. Thibaud.